LES MOTS QU'ON NE ME DIT PAS

Véronique Poulain vit à Paris et travaille dans le spectacle vivant. Elle fut pendant quinze ans l'assistante personnelle de Guy Bedos. *Les mots qu'on ne dit pas* est son premier livre.

VÉRONIQUE POULAIN

Les mots qu'on ne me dit pas

STOCK

© Éditions Stock, 2014.
ISBN : 978-2-253-01749-3 – 1re publication LGF

À mes parents,
À ma famille,
À mes enfants,
À Nicolas, leur papa.

Gainsbourg: *Je dis «Je t'aime moi non plus» parce que, par pudeur, je fais semblant de ne pas la croire.*

Journaliste: *Mais «Je t'aime», vous êtes capable de le dire?*

Gainsbourg: *Non.*

Journaliste: *C'est un complexe?*

Gainsbourg: *Oui, peut-être.*

Journaliste: *C'est difficile pour vous de dire «Je t'aime»…*

Gainsbourg: *Tout le monde dit ça, je voudrais dire autre chose.*

Extrait de *Serge Gainsbourg.*
Pensées, provocs et autres volutes

Mes parents sont sourds.
Sourds-muets.
Moi pas.

Je suis bilingue. Deux cultures m'habitent.

Le jour : le mot, la parole, la musique. Le bruit.

Le soir : le signe, la communication non verbale, l'expression corporelle, le regard. Un certain silence.

Cabotage entre deux mondes.
Le mot.
Le geste.

Deux langues.
Deux cultures.
Deux « pays ».

Je tire sur sa jupe pour qu'elle me regarde.

Elle se retourne, me sourit et esquisse un mouvement de tête qui signifie : « Oui ? »

Tête levée, je frappe ma poitrine avec ma main droite : « Moi. » Je mets les doigts dans ma bouche, je les retire puis les remets : « Manger. »

Mon geste est un peu maladroit. Elle rit.

Elle déplace sa main de haut en bas sur sa poitrine comme si elle attrapait son cœur pour le placer dans son ventre : « Faim. » C'est comme ça qu'on dit au pays des sourds.

Oui, maman. J'ai faim.

J'ai soif, aussi. Je cherche ma mère. C'est le temps de mes premiers pas. J'avance en vacillant jusqu'à la cuisine et je perds l'équilibre.

Ma mère se retourne instantanément et me rattrape de justesse.

Elle n'a rien entendu pourtant.

Elle sent toujours quand il m'arrive quelque chose.

Si je ne suis pas entendue, qu'est-ce que je suis regardée ! Il ne peut rien m'arriver ; mes parents ont toujours un œil sur moi.

Et pas qu'un œil. Ils me touchent beaucoup. Les regards et les gestes remplacent les mots. Un sourire. Une caresse sur la joue. Un froncement de sourcils pour le mécontentement. Des bises et des câlins pour me dire : «Je t'aime.»

C'est pas si mal. Mais j'aimerais bien qu'ils m'embrassent plus souvent. Surtout mon père.

Notre appartement est minuscule.

Je dors dans la même chambre que mes parents.

La nuit, je ne pleure jamais. Ça ne sert à rien. De toute façon, ils ne m'entendent pas.

Ma mère se lève deux à trois fois par nuit pour vérifier que je dors bien, que – par exemple – je ne suis pas morte dans mon sommeil.

Plus grande, quand je sais marcher, je me lève et les réveille si j'ai envie de quelque chose ou si j'ai besoin d'être rassurée après un cauchemar.

Mais cela n'arrive pas souvent. Je suis une enfant qui dort très bien. Imperméable à tout bruit. Mon sommeil est serein.

Ma mère fait de la couture.

Assise à côté d'elle, je l'observe. En silence. De temps en temps, elle me jette un regard et me sourit.

Elle a des épingles dans la bouche pendant qu'elle coud et quand elle n'en a plus besoin, elle les plante dans une boule de satin rouge encerclée de petits Chinois multicolores en satin eux aussi. J'aime jouer avec. C'est doux et c'est joli.

Ma mère pose son ouvrage, me prend la boule des mains, pointe un des bonshommes, prononce «Orange» avec sa bouche et joint le geste à la parole. Je répète après elle. Je l'imite.

Puis c'est au tour du bleu, du rouge, du jaune...

Parfois, je fais le geste à l'envers, ce qui ne veut absolument plus rien dire.

Alors, elle rectifie.

Avec elle, je viens d'apprendre les couleurs.

Dans les deux langues.

Elle a une drôle de voix, ma mère. Elle parle pas pareil que les gens dans la rue. Mais c'est ma mère et je la comprends.

Dans la journée, je suis gardée par ma grand-mère.

18 h 30. Mes parents rentrent du travail, il est l'heure pour moi de les rejoindre. Ma petite main attrape la rampe. Je descends précautionneusement l'escalier, marche par marche. Nous habitons l'étage du dessous.

Mon père ouvre la porte. Main ouverte, paume touchant ma bouche, je lui envoie comme un baiser. Ça veut dire : « Bonjour. » Puis je me jette dans ses bras et je l'embrasse.

Ainsi, je passe d'un étage à l'autre, d'un état à l'autre en un claquement de doigts.

Au troisième, avec mes grands-parents, j'entends et je parle. Beaucoup. Très bien.

Au deuxième, avec mes parents, je suis sourde. Je m'exprime avec les mains.

Lorraine, 1935. Suzanne épouse Pierre. Deux garçons naissent. Henri, l'aîné, qui deviendra professeur de droit à l'université de Strasbourg et, quelques années plus tard, en 1939, Jean-Claude, le cadet.

Jean-Claude a neuf mois. Il pleure un peu trop souvent. Les dents, sans doute. C'est l'âge. Mais non, il convulse et ses yeux se révulsent. Hôpital en urgence. Encéphalite diagnostiquée. Conséquence : il n'entendra plus. La vie de Jean-Claude bascule. Le temps d'un soupir, il est passé du bruit au silence.

À six ans, Jean-Claude entre en pension. On l'a confié à l'Institut national des jeunes sourds de Metz. À l'adolescence, il opte pour un CAP de cordonnier. Avec la menuiserie, c'est le seul métier que l'institut de Metz propose. Son

20

meilleur ami, un Éthiopien égaré en Lorraine, Asrat, choisit, lui, d'étudier à Paris, à l'Institut national des jeunes sourds de la rue Saint-Jacques. Pour les sourds, Paris, c'est l'Eldorado. La capitale regorge de possibilités : Amicale des sourds, Football-club des sourds, Foyer des sourds... Il faut absolument que Jean-Claude vienne le rejoindre. Il a une copine à lui présenter.

D'ailleurs, un grand bal est organisé à Gambetta pour les sourds-muets. Jean-Claude prend le train.

Allier, 1937. Robert est la coqueluche de ces dames. Peintre décorateur la semaine, accordéoniste le week-end, le musicien fait rêver les filles des villages alentour. Il trimballe son instrument dans toute la région. La vie est douce et joyeuse. Ce soir, il joue à Saint-Priest pour une noce. Les filles se pressent pour le regarder. En voilà une qui lui semble très jolie avec ses grands yeux verts et son air si timide dans sa petite robe à fleurs. Il entame une java. Il soutient son regard. Un sourire en coin. Elle s'appelle Alice, elle est fille de métayers dans la ferme d'à côté.

Mariage. Une semaine après, Alice est enceinte.

Le jeune couple s'installe chez les parents de Robert. Alice ne travaille pas, elle sera femme au foyer. Lui continue ses chantiers, les bals un peu moins. La guerre s'éternise. Les hommes se font tuer et les femmes n'ont pas le cœur à danser.

Octobre 1941. Alice met au monde une fille, Josette.

Rieur, éveillé, le bébé est parfois distrait. Trop. La fillette ne réagit pas toujours au bruit. Elle est dans son monde à elle. Petit à petit, l'angoisse étreint Alice. Quelque chose ne va pas, là. Alice frappe dans ses mains, sur les meubles. Vingt fois par jour. Une fois sur deux, Josette bondit.

La porte claque. Josette sursaute. Ouf! Tout va bien...

Un jour, Josette, avec un bâton, accroche les pots en faïence posés sur l'étagère. Vacarme épouvantable. Alice se précipite. Imperturbable, Josette ne s'est rendu compte de rien.

Dix mois. Dix mois pour se rendre à l'évidence. La petite ne réagit qu'aux bruits accompagnés d'un mouvement perceptible ou d'une vibration. Il lui suffit de détecter une ombre ou un déplacement d'air pour se retourner, vive comme l'éclair. Belle illusion.

Josette est sourde.

Sourde et muette.
À 100 %.

Juin 1944. Un second enfant naît : Guy.
L'expérience ayant déjà été vécue, le verdict tombe cette fois au bout de quelques semaines. Implacable.
Sourd, lui aussi. Comme un pot.

Robert et Alice sont anéantis.
Pourquoi ça leur tombe dessus ? Pourquoi eux ?
Deux handicapés. Leurs enfants sont deux handicapés. Y en a pas dans la famille, pourtant. Qu'ont-ils fait au Bon Dieu pour mériter ça ?

Guy, contrairement à sa sœur, ne cherche pas à parler, il ne cherche pas à communiquer. Il regarde, il observe. Et il dessine. La craie est devenue l'extension naturelle de sa main. Pas besoin de mots ou de lettres comme intermédiaires. Sa tête, sa main, sa craie, le tableau. Le dessin.
Et les dessins qu'il fait ne ressemblent en rien à ceux des enfants de son âge. Pas de fioritures. Le croquis est précis et direct. Maladroit,

certes, Guy n'a que trois ans, mais il reflète exactement ce qu'il cherche à exprimer.

Le petit garçon peut passer des heures à contempler une goutte d'eau se former, grossir et tomber du robinet.

Sa sœur et lui sont deux enfants agréables mais, avec leurs parents, la communication est difficile. Il faut être face à eux pour pouvoir leur parler. S'ils tournent le dos ou sont dans la pièce d'à côté, il faut aller les chercher. Il faut trouver le moyen de se faire comprendre. Un mélange de mime (quand c'est possible) et de mots. Les plus simples, articulés à outrance.

Robert est effondré. Il voulait se marier et avoir plusieurs enfants. Il voulait qu'ils fassent de grandes études. Lui n'avait que le certificat.

Il voulait qu'ils soient musiciens. Comme lui.

Ironie du sort.

Josette va avoir six ans. Ils l'inscrivent dans un pensionnat, le temps pour eux de s'installer dans la capitale.

Mon Dieu, la pension !
Des petits sourds qui poussent des cris d'animaux.

25

Des mongoliens.

Des handicapés mentaux.

Des bonnes sœurs méchantes qui les mettent au placard pour un oui, pour un non.

L'enfer sur terre !

Josette n'y reste pas longtemps. Quelques semaines, tout au plus. Robert et Alice trouvent un appartement, s'installent à Paris, inscrivent les deux enfants à l'Institut national des jeunes sourds. Une nouvelle vie commence. Dans la capitale, le regard des autres est moins féroce. Alice et Robert pourront se fondre dans la masse et peut-être offrir un meilleur avenir à leurs enfants. Un avenir où on ne les considérera pas comme des attardés mentaux.

Robert trouve du travail comme plâtrier. L'accordéon l'a suivi à Paris, mais la page de la musique et de la gloire est tournée. Il le sait. Né pour la musique, oreille absolue, deux enfants sourds. Un comble. Une sale blague de la vie. Pour un peu, il en rirait.

Alice, elle, a le sens du sacrifice. Ça la sauve. Elle porte sa croix à travers Paris, tous les matins et tous les soirs. Des kilomètres à pied ou en bus pour emmener ses petits à l'école, la seule école spécialisée, celle de la rue Saint-Jacques. Et malgré ce qu'elle endure, elle sourit.

Josette grandit. Elle devient une belle plante. Épanouie, entourée d'amis – tous sourds – rencontrés pendant sa scolarité. Son père la surprotège. Il est temps pour elle de trouver un fiancé.

Ça tombe bien, un grand bal est organisé à Gambetta. Elle s'y rend avec son copain Asrat. Il veut lui présenter un ami.

Les sourds se marient entre eux.

Entre sourds, on est assurés de partager le même niveau de communication, de compréhension et de connaissances. On est du même monde.

Ainsi ma mère a épousé un sourd, mon père.

Mon oncle a épousé sa femme, une sourde.

Ma cousine Ève est née. Puis sa sœur, Valérie. Et puis son frère, Alexis.

Entendants.

Comme moi.

Les six premiers mois de ma vie, je suis gardée par une nourrice.

Ma grand-mère paternelle a décrété que c'était plus raisonnable. Des fois que des parents sourds ne sauraient pas s'occuper d'un bébé…

Elle en trouve une en banlieue. Comme c'est un peu loin, j'y reste toute la semaine, en pension complète. Je suis calme. Car bourrée de somnifères. Le week-end, quand je rentre chez mes parents, je suis speed. Car en manque.

Jusqu'au jour où mon grand-père maternel craque. Il ne veut plus que des étrangers me gardent. Un vendredi soir, il vient me chercher. Il ne me ramènera plus jamais.

Au restaurant, comme tous les enfants en bas âge, je ne tiens pas en place. J'adore me lever et faire le tour des tables. Parler aux gens. Je n'arrête pas.

« Tu manges quoi ? Et c'est bon ? Moi, je suis avec mes parents, à la table là-bas. Ils sont sourds. »

Je suis tellement fière. Je le dis à tout le monde.

Ma mère, une fois de plus, vient me chercher. Elle articule un : « Excuse-moi » déformé. Je la coupe illico en langue des signes pour montrer que je sais parler les deux langues. Je n'aime pas trop quand elle essaie de faire comme nous.

Je crâne. Je fais la maligne. Je ne peux pas m'en empêcher.

Je décide que ma différence sera un atout.

Il arrive malgré tout que cette différence me gêne. Dans le bus, parfois, ma mère a des gaz. Extrêmement sonores. Elle ne se rend pas compte du bruit qu'elle produit. Moi, si. Et les autres aussi.

Dans la rue, c'est pénible.
Les regards insistants me dérangent.
Ma mère le sait. Elle fait son possible pour rester discrète. Elle évite de trop me parler.

À la boulangerie, elle demande une baguette.
«Je n'ai pas compris. Vous voulez quoi, madame?
— Paquette, un.»
Regard affolé de la vendeuse.
Il est temps pour moi de voler au secours de ma mère.
«Une baguette, s'il vous plaît.
— Ah! bien sûr, pardon.»
En sortant, je jette un regard noir à cette stupide commise.
Ma mère, habituée, sourit.

Il arrive aussi que ma mère en ait marre que l'on me sollicite pour traduire ce qu'elle dit. Dans ces cas-là, elle se fâche :

« Arrête demander à ma fille. Pain. Je veux pain. Pas compliqué ! »

Je suis un peu gênée mais ma mère a raison. Les gens sont trop cons et le regard qu'ils portent sur mes parents m'exaspère.

Ce sont les autres qui regardent mes parents comme s'ils étaient débiles.

Ce sont les autres qui pensent qu'avoir des parents sourds, c'est dramatique.

Pas moi.

Pour moi, c'est pas grave, c'est normal, c'est ma vie.

Dans le métro, c'est terrible aussi.

Mes parents m'emmènent au zoo de Vincennes. Ils discutent entre eux. Tout le monde les regarde. Quand les portes se ferment, les gens se retournent sur le quai pour les observer. D'autres pouffent derrière leurs mains. D'autres encore font semblant de ne rien voir. Je suis atrocement embarrassée et en même temps je ne supporte pas qu'on les dévisage comme des bêtes curieuses. Je prends sur moi. Je reste stoïque. Je serre bravement la main de mon père tout en faisant mine de ne rien avoir remarqué.

Après quelques stations, la fureur monte. J'explose :

« Quoi ? Vous regardez quoi, là ? Ils sont sourds, ça vous dérange ? »

Silence. Le wagon entier regarde ses pieds. Mes parents ont compris. Ils me disent de me calmer, que c'est « toujours comme ça », que ce n'est pas grave.

Je me souviens de mon chagrin.
Je me souviens de ma colère.
Je me souviens de ma violence.
J'ai envie de tuer.
Je veux tellement les protéger.

J'oscille entre fierté, honte et colère.
À longueur de temps.

«Papa, nous faire quoi aujourd'hui?
— Moi sais pas. Demande maman.
— Maman, nous faire quoi aujourd'hui?
— Toi veux quoi faire?
— Sais pas. Piscine?
— Non, piscine pas. Toi veux promenade?
— Pfff.»

«Maman, nous mange quoi?
— Viande et pommes de terre.
— Quelle heure?
— Dix minutes.»

Au deuxième étage, ce sont à peu près les seuls échanges que j'entretiens avec mes parents durant le week-end. Un dialogue de sourds. Sans aucun intérêt.

Je suis bavarde. Terriblement bavarde.

Je cause. Tout le temps. À voix haute. À mon miroir, à mes poupées, à moi-même.

Pas à mes parents.

Dans la maison, c'est le calme plat.

Je m'ennuie. Je m'ennuie tellement.

Je suis là, posée sur mon lit.

Seule.

Triste.

Un peu autiste.

Je regarde par la fenêtre et j'attends que ça passe. Que le temps passe. Et c'est long.

Les yeux dans le vague, j'imagine…

J'imagine une autre vie. Une vie où je ne me languirais pas. Une vie où je rirais beaucoup.

Le rêve prend toute la place et la réalité m'ennuie.

Chez mes parents, le film est muet. Il n'y a pas de conversations en bruit de fond, pas d'éclats de voix, pas de gros mots qui fusent, pas de rires, pas de disputes non plus.

Et moi, j'ai besoin d'entendre des adultes discuter.

Mais ils ne disent rien, mes parents.

Parfois, je demande à ma mère d'allumer la télé.

Je ne la regarde pas, c'est juste pour entendre le bruit des voix.

On pourrait parler de bulle de silence, s'il n'y avait pas tous ces petits bruits de bouche, respiration, déplacement des casseroles dans le placard et le bruit des voitures, en bas.

Des bruits désagréables et agressifs. J'aime pas.

J'ai envie de parler. Ou de mourir. Ça dépend des jours.

Quand vraiment je n'en peux plus, je fugue.

Pas loin. Au troisième étage.

Chez mes grands-parents.

Je compense. Je les saoule de paroles. Et ils se laissent enivrer avec jubilation, heureux qu'ils sont d'avoir une petite-fille «normale».

Eux aussi compensent. Ils vivent avec moi ce qu'ils n'ont jamais pu vivre avec leurs deux enfants. Parfois, je leur parle rien que pour leur faire plaisir, même si je n'ai rien à dire.

Mon grand-père décrète que je serai musicienne. Il m'apprend le solfège.

Ma grand-mère approuve.

« C'est beau, un musicien, quand ça compose, c'est dans son monde. C'est heureux, un musicien. »

Moi, je voudrais être docteur. Pour soigner les gens malades.

Mes grands-parents maternels sont mes idoles. Surtout mon pépé. Je lui voue une admiration sans bornes, un amour inconditionnel. Et c'est réciproque.

Je veux être à la hauteur de ses espoirs.

Je veux qu'il soit fier de moi.

C'est lui qui est venu me chercher chez cette nourrice.

Il est mon héros. Pour toujours.

Du jour de ma naissance au jour de sa mort en 2007, il n'a cessé de me soutenir, de me pousser, de croire en moi sans réserve et en toutes circonstances.

C'est à lui que je raconte mes petites misères. Quand je suis plus grande, je lui confie mes déboires affectifs ou professionnels. Chaque fois il me réconforte : « Je ne m'inquiète pas pour toi. Tu peux tout faire. Tu vas t'en sortir. Tu vas y arriver. »

Et moi, je le crois.

Ce sont pourtant ces mêmes grands-parents aimants qui, lors de mes premières relations sentimentales, me répètent qu'il faut que je fasse attention car, avec le handicap de mes parents, qui va vouloir me faire un enfant ? Qui va vouloir s'engager de façon durable avec moi ?

Ils me font bien chier avec ça. De toute façon, je ne veux pas d'enfants.

Ce soir, je vais au bal.

Le Foyer des sourds a été transformé pour l'occasion en dance floor. Derrière la piste, un orchestre et des musiciens embauchés pour jouer devant des gens qui ne les entendent même pas.

Et pourtant, ils enchaînent en souriant tango, salsa, rock, java. Quelle énergie ! Quelle empathie ! Quelle philanthropie !

Au pied de l'orchestre, un petit panneau indique la musique à danser. Là, c'est « Tango » qui est affiché. Ma mère empoigne mon père et se lance dans un corps à corps endiablé.

Puis les couples s'enlacent. Normal, sur le carton est inscrit « Slow ».

Et si j'inversais les panneaux ?

Je m'en farcis, des soirées avec les sourds.
Tous les week-ends. Mes parents m'emmènent
partout. Et le samedi soir, c'est réunion au
Foyer des sourds pour se voir, discuter, boire
un coup. Bref, passer une bonne soirée.
Enfin, pour eux. Parce que moi je trouve ça
pénible. Une forêt de jambes à travers laquelle
je parviens tant bien que mal à me faufiler.
Tête en l'air cependant pour les regarder parler. Je ne comprends pas la moitié de ce qu'ils
se disent. Ça signe de partout, des mains qui
gesticulent, des bras qui partent dans tous
les sens. C'est assez beau d'ailleurs. Des rires
bizarres. Des onomatopées. Des grognements.
Des râles. Parfois un mot. Incompréhensible.

Je me demande ce que je fais là.

De temps à autre, mon père me porte

dans ses bras. On m'embrasse, on me touche les cheveux, on me pince la joue. J'aime pas. On s'exprime d'une drôle de façon. Ça, j'ai l'habitude. Ceux qui ne me connaissent pas demandent à mon père si je suis sourde.

Non. Je ne le suis pas. J'entends, je parle et je veux rentrer chez moi.

J'adore les vacances avec mes parents.
On part toujours au bord de la mer. Ils me
laissent jouer en me surveillant vaguement du
coin de l'œil. Je suis grande maintenant, j'ai
trois ans. J'en profite pour partir à l'aventure
et rencontrer des gens à qui parler.

Partie trop loin et perdue dans mes rêves,
je ne vois plus mes parents. La plage est
immense. Ma mère m'a bien expliqué ce que
je devais faire si je me perdais : je ne bouge
pas et j'attends. Je m'assois sur le sable. Des
joueurs de volley-ball font un match, je les
regarde. C'est chouette, le volley. Une dame
s'approche et me demande si je suis seule, si je
veux qu'on appelle mes parents avec le méga-
phone du maître nageur.

« Non merci. Ils sont sourds. J'attends ici. »

Mes parents, affolés, me cherchent partout. Moi, je les attends. Deux heures durant.

Pour Ève, ma cousine, c'est une autre histoire. Mon oncle Guy a le chic pour lui faire passer les vacances les plus pourries possible. Son obsession à lui, c'est de retrouver ses ancêtres les sourds.

Dès le mois d'avril, Guy s'informe. Les cartes jonchent la table de la salle à manger et il passe tous ses dimanches à faire des recherches pour trouver une destination de pèlerinage, un saint lieu de l'histoire des sourds.

Un road movie à travers la France profonde. Dans le trou du cul des Vosges, des Deux-Sèvres ou du Pas-de-Calais, il rivalise d'imagination et dégote toujours un endroit invraisemblable où une religieuse recueillit un enfant sourd en 1832, un autre où un sourd proche de l'abbé de l'Épée vécut en 1738... Quand il arrive sur place, la maison n'existe plus depuis longtemps et plus personne ne connaît l'existence de l'illustre. Guy va de maison en maison, pose des questions, s'énerve. Et Ève, résignée, sert d'interprète à son père auprès de villageois perplexes qui n'ont pas la moindre idée de qui il veut parler.

Trois semaines par an, sous la pluie, de Clermont-Ferrand à Vesoul en transitant par Dijon et Metz, Ève passe de sacrées vacances.

Lorsqu'une année ses parents découvrent la Bretagne, la danse des canards fait fureur. C'est la danse de l'été.

Je me souviens de mon oncle se dandinant au milieu du salon et agitant les bras pour nous montrer ce qu'il affirmait être une danse folklorique bretonne.

Septembre, rentrée des classes. Maternelle.
Des copains, des copines, des goûters, des
chansons, des récitations. Elle me plaît bien,
cette vie-là. Cette vie où on parle, on chante,
on crie, on raconte. J'aimerais bien savoir lire
et écrire pour comprendre tous ces mots qui
dansent sur la devanture des magasins.

Bien qu'ils sachent lire et écrire, ce ne sont
pas mes parents qui vont m'apprendre à le
faire. Pour un sourd, prononcer correctement
chaque lettre de l'alphabet, chaque mot de
notre langue, est laborieux, éprouvant.

Non, ils ne peuvent pas m'apprendre.

Je demande à ma grand-mère. Elle est si
heureuse de pouvoir enfin transmettre que,
patiemment, elle s'y colle. Et en décembre
1968, extase, béatitude et ravissement : j'écris

mon premier mot, le mot « cheval ». Le nom du père pour un poulain.

Ma vie commence à être intéressante. Je vais lire. Je ne vais enfin plus m'ennuyer.

Notices, prospectus, journaux, noms sur les boîtes aux lettres, réclames sur les murs de la ville et toute la Bibliothèque rose, la verte, la rouge et or... Je lis tout. Tout ce qui me tombe sous les yeux.

Je dévore les mots qu'on ne me dit pas.

Mes parents m'ont inscrite, à ma demande, à la chorale de l'école. J'adore chanter. Aujourd'hui, c'est le grand jour. Nous donnons un concert au Cirque d'hiver. Mes parents sont là, assis au premier rang. Ils m'écoutent à leur façon et applaudissent au bon moment. Ils ne comprennent rien à ce que je fais mais ils me suivent. Toujours. Et dans tous mes caprices.

Lorsque j'abandonne le chant au profit de la danse classique, ils ne ratent pas un spectacle à Pleyel. Ils sont fiers, je crois.

«Mais tu fais comment pour parler à tes parents ?»

J'en peux plus. Marre de raconter.

Ève, plus conciliante, explique qu'elle leur parle avec les mains.

Sauf que ses copines ne la croient pas et la traitent de menteuse. Alors elle invente.

Guy, son père, est dessinateur. Il lui a confectionné une mallette de minuscules drapeaux de toutes les couleurs et, pour se faire comprendre de lui, elle sort ceux dont elle a besoin. Quand elle est en colère, elle sort le rouge. Quand elle a faim, celui où il y a une assiette de jambon-frites dessinée dessus, et ainsi de suite. L'histoire fait le tour de l'école et pique la curiosité de la maîtresse. Elle demande à Ève d'apporter sa mallette de petits drapeaux pour faire un exposé à toute la classe sur la façon dont les sourds communiquent avec leurs enfants.

Ne sachant pas comment se sortir de ce mensonge, Ève confie qu'il y a tellement de drapeaux que la mallette s'est transformée en une énorme malle intransportable, mais elle promet de revenir le lundi suivant avec un dessin expliquant tout ça. Elle raconte le soir même son problème à son père et Guy, amusé, dessine tout le week-end une BD qui reprend leur vie au quotidien.

Plus c'est gros, mieux ça passe.

Pourquoi ils ne parlent pas mes parents ?

Pourquoi ils ne m'entendent pas ?

Pourquoi ne puis-je pas hurler « Papa » et « Maman » à travers la maison pour qu'ils viennent me voir ?

Pour les appeler, plusieurs solutions s'offrent à moi.

La feignante : j'attends qu'ils se retournent et me regardent. Faut pas avoir un truc trop urgent à demander.

La dynamique : ce que j'ai à dire ne peut pas attendre. Je me lève et leur tape sur l'épaule.

La nonchalante mais néanmoins la plus courante : j'allume et j'éteins la lumière. Ils se retournent. Je leur parle.

Ou alors, je balance un livre dans la pièce. Mais ça me fait mal au cœur, j'aime trop mes livres.

Ou bien, je jette un objet sur eux.

Parfois, il y a des couacs.

Quand je suis aux toilettes et qu'il n'y a plus de papier... Quand ils m'oublient dans l'appartement, qu'ils ferment la porte à clé en partant travailler, qu'ils ne m'entendent pas hurler derrière la porte. Ça ne sert à rien, je sais, mais je hurle quand même. Réflexe d'entendant...

Ils ont quoi tes parents ?

Ils sont pas normaux ?

Pourquoi ils ont une voix comme ça ?

Ils sont sourds-sourds ou ils entendent quand même un petit peu ?

Tu veux dire qu'ils entendent même pas la musique ?

Ils sont nés comme ça ?

Comment ça se fait que tu sois pas sourde, toi ?

C'est bizarre quand même. Comment t'as fait pour parler ?

Et tu parles avec tes mains ?

Si t'as des enfants, ils seront sourds aussi ?

Je suis horripilée par les questions qu'on

me pose à l'école. Toujours les mêmes. Sans cesse. Tout le temps.

Je décide donc de ne plus parler du handicap de mes parents. Je ne parle plus du tout d'eux, d'ailleurs. Et on me fout la paix.

Aujourd'hui, c'est mon anniversaire. J'ai neuf ans. Ma mère a préparé un goûter. Les copines ne vont pas tarder à arriver. Je trépigne. La sonnette tinte. C'est elles. Je leur ouvre. Il faut que je les avertisse, quand même. À peine ont-elles posé le pied dans l'entrée que je leur annonce, tout à trac, mine de rien : « Au fait, mes parents sont sourds. »

Les copines, mal à l'aise, regardent à droite, à gauche, comme perdues, puis finissent par fixer le sol en balbutiant, toutes gênées, un « Bonjour » timide à ma mère. Ça m'agace !

Finalement, que j'en parle ou pas, la situation finit toujours par être inconfortable.

Pensant me faire plaisir, ma mère s'éclipse et tout le long du goûter tente de ne pas faire de bruit, de ne pas me parler. Elle est là comme une servante silencieuse face à un auditoire de gamines embarrassées. Ça me peine de la voir faire tous ces efforts pour que mes amies se sentent à l'aise.

Ma mère est comme elle est. Ce n'est pas à elle de s'adapter. Elle est chez elle en plus.

Que ces connes aillent au diable !

Mon père tape du pied. Il souffle, lève un doigt menaçant, fronce les sourcils et me fait signe de filer dans ma chambre.

Là, je me fais vraiment disputer.

Il ne crie pas. Pas du tout. Il me regarde juste d'un air courroucé.

Ce sont nos codes depuis que je suis née. Je sais qu'il est furieux, il me fait même un peu peur.

J'obéis.

Fissa.

Comme les Indiens, les sourds attribuent à chacun un nom, un signe identitaire, qui le suit toute sa vie.

Il peut être en rapport avec le physique ou le caractère.

Mon cousin Alexis, petit garçon turbulent qui a pour habitude de se sauver en pleine rue dès l'âge de deux ans, a conservé trente-cinq ans plus tard le signe du «Fugueur»: un pouce dressé qui se faufile à travers une foule imaginaire.

Ma mère, qui est une femme très gaie, a le signe de la «Souriante-tout-le-temps»: le pouce et l'index posés sur le menton s'écartent progressivement vers le haut en mimant un sourire. Ce geste est répété très rapidement deux fois car ma mère est décidément très, très souriante.

Mon père, qui a les traits taillés au couteau, c'est «Joues-creuses» : le pouce appuyé sur la tempe descend à l'oblique jusqu'à la bouche.

Mon oncle Guy, qui est un homme replet, c'est «Grosses-joues» : la main droite formant la lettre C s'en vient rebondir deux fois sur la joue. C'est mignon.

Il y a aussi les peu flatteurs «Long-nez-crochu», «Chauve-comme-un-œuf», «Oreilles-pointues» (ça, c'est Sarkozy), «Gros-sourcils» (ça, c'est Pompidou) ou «Dents-longues-de-vampire» (Mitterrand). Quant à Hollande, il a longtemps eu le même signe que celui utilisé pour le pays des tulipes. Mais depuis qu'il est président de la République, son signe a changé. Dorénavant, ce sont les deux excroissances qu'il a sur la joue qui lui servent de signature. L'index et le majeur formant un V viennent délicatement tapoter la joue, à l'endroit supposé de ses deux verrucosités.

S'ils n'avaient pas ces signes, les sourds seraient obligés d'utiliser l'alphabet de la langue des signes pour épeler chaque nom. Et V-É-R-O-N-I-Q-U-E, c'est long à «signer».

Ainsi, mon prénom, mon signe, celui qui me caractérise moi et personne d'autre, c'est « Rêveuse ».

C'est ma mère qui me l'a donné.

Enfant, je ne comprenais pas pourquoi. Pourquoi « Rêveuse » ?

Un jour, j'ai compris : j'avais passé tellement d'heures à contempler la vie par la fenêtre en rêvant d'autre chose que cela ne lui avait pas échappé.

Le majeur et l'index, formant le V de Véronique, partent de la tempe pour aller se perdre dans les airs en tournoyant : « Rêveuse ».

C'est poétique, c'est beau, ça fait toute une vie.

Sauf que… je me suis trompée. Ma mère vient de lire ce chapitre et n'est pas d'accord.

« Ton signe pas " Rêveuse ", " Étourdie ".

— Mais non, maman, c'est " Rêveuse ". Depuis toujours.

— Non. " Étourdie ". »

Les doigts en V partent bien de la tempe et s'en vont bien dans les airs mais pas en tournoyant. En tremblotant. C'est subtil. La différence est minime mais ça ne veut pas dire la même chose.

60

«Petite, toi étourdie. Pas rêveuse. Toi oublies tout, toujours, toujours. Étourdie.»

Je reste sans voix. Ça fait trente ans que je me trompe. Ou que j'ai oublié.

Étourdie je suis, étourdie je resterai.

Le signe alloué peut être encore plus simpliste. Comme ces amis de la famille qui ont un berger allemand et qui ont été affublés du nom de leur chien.

Ève les voit souvent car ils ont une fille de son âge, entendante comme elle. Ce jour-là, elle est au supermarché avec eux. Elle se perd. Comme une grande, elle se dirige vers l'accueil pour demander de l'aide :

«Je suis perdue. Moi, c'est Ève, et je voudrais qu'on appelle les amis de mes parents au micro...

— Bien sûr. Comment s'appellent-ils ?

— Chien Frisco.

— Pardon ?

— Chien Frisco.

— La petite Ève attend M. et Mme Chien Frisco à l'accueil. Je répète...»

Quarante ans plus tard, je crois qu'Ève ne connaît toujours pas leur vrai nom.

Autant mon père me parle très peu, autant ma mère, vraie pipelette, me vrille les nerfs à force de me taper sur l'épaule pour attirer mon attention, ou plutôt mon regard, sur ses mains qu'elle agite dans tous les sens. Elle me hérisse. Le toc toc permanent sur l'épaule est une petite agression corporelle insupportable. Je sursaute systématiquement et cela me dérange physiquement. L'interrupteur est plus doux pour moi.

Mon père, qui l'a compris, pose très lentement sa main sur mon épaule et cela m'agace encore plus. Qu'il n'y aille pas franchement. Qu'il n'ose pas exprimer son désir de me parler me glace. Je prends cela pour un manque d'amour à mon égard.

Il n'y a rien à faire. C'est parfaitement

injuste et injustifié mais quoi qu'ils fassent, ils m'énervent.

Quand mes parents me parlent, je dois les regarder. Je ne peux pas attacher mes lacets, je ne peux pas fouiller dans un tiroir, je ne peux pas leur tourner le dos et regarder par la fenêtre, je ne peux pas lire ou écrire en même temps qu'ils me parlent… La seule chose que je dois faire est de ne surtout pas les quitter des yeux.

C'est épuisant.

Les regarder pour les comprendre.

Scruter à la fois leurs gestes, leurs expressions, leurs imperceptibles mouvements de corps.

Impossible de faire autrement. Je tourne la tête une demi-seconde et c'est toute la conversation qui m'échappe.

Même si je comprends parfaitement la langue des signes, cela me demandera toujours plus de concentration que d'écouter la radio.

De la même façon, je dois chaque fois avoir les mains libres pour m'adresser à eux.

Pas de discussion possible en me coiffant, en faisant la cuisine, en sortant les poubelles.

Entre les deux, je choisis de ne pas trop leur parler.

Je regarde la télé. Un film en noir et blanc. Une femme, bébé dans les bras, court dans les bois, pourchassée par les Allemands. Le bruit de leurs bottes est insoutenable. Je suis terrorisée. Ils se rapprochent d'elle dangereusement. Si je ne m'en mêle pas, ils vont la tuer. Alors je parle à cette femme à travers l'écran. Le film n'est pas français. Elle ne me comprend pas. Je hurle : « Dépêche-toi, cours plus vite ! » Miracle : des sous-titres s'affichent sur l'écran et traduisent ce que je dis. Elle me répond qu'elle est épuisée, qu'elle n'y arrivera pas. Je l'encourage. Les sous-titres défilent à toute vitesse tant le dialogue est intense. Elle arrive devant une grille. Les Allemands sont à quelques mètres. Je m'époumone : « Tu y es presque, escalade, jette le bébé de l'autre côté, il ne risque rien, le sol est tapissé de mousse ! »

Elle fait ce que je lui dis, passe de l'autre côté. Elle est en sécurité désormais. Ils ne peuvent plus rien contre elle. Serrant son bébé, elle continue de courir, entre dans une petite maison. Arrêt sur image. La maison tourbillonne sur elle-même pour laisser place à l'océan, calme et limpide. En sueur mais heureuse pour elle, j'éteins la télé.

C'est drôle, même dans les rêves, les mères ne parlent pas la même langue que moi. Il me faut des sous-titres.

Aujourd'hui, mamy est morte.

Aujourd'hui, c'est mon anniversaire, aussi. J'ai onze ans.

Rentrant de l'école, dernière ligne droite avant d'arriver à la maison, je vois tout là-bas, au bout de la rue, que mon père est à la fenêtre. Il me fait de grands gestes :

« Mamy, morte. Mamy, morte. »

Je fonds en larmes.

Il faudrait interdire aux sourds d'annoncer les mauvaises nouvelles par la fenêtre. On a le cœur en miettes encore plus longtemps.

On déménage. Depuis douze ans, nous vivons dans un minuscule deux-pièces et je partage la chambre de mes parents.

Mon père vient d'acheter avec ses économies un appartement où j'aurai ma chambre, à moi, toute seule. Ça, c'est l'argument-choc pour me faire digérer la nouvelle de mon extradition. Quitter mes grands-parents est un déchirement. Changer de collège, impensable. Je ne veux pas habiter là. Je suis parisienne et parisienne je veux rester. Tant pis pour le RER, le bus, la marche à pied. Au collège à Paris j'irai.

Quatre pièces. Quatre fois plus grand. Une salle de bains avec baignoire, lavabo et bidet. Je ne me laverai plus dans l'évier de la cuisine. Des W.-C. séparés. Ça va changer des toilettes sur le palier et du pot de chambre de la famille. Ma chambre jouxte celle de mes parents.

Première nuit dans l'appartement. Allongée sur mon lit, je tente de m'endormir. Je n'y arrive pas. Dans la chambre d'à côté, il y a de drôles de bruits. Le lit parental grince par à-coups et ma mère gémit. Je me tourne sur le côté. Me retourne. Décidément, tout cela n'est pas normal.

À la fois inquiète et curieuse, je me lève. Envie de voir et de savoir, j'entre dans leur chambre. Ma mère, paniquée, me fait de grands gestes et me somme de sortir. Ce que je fais, précipitamment, mortifiée.

J'ai vu.

Pendant douze ans, la nuit, endormie à environ un mètre cinquante du lit de mes parents, j'ai été sourde à tout. Pendant des heures, chaque nuit, j'ai sombré dans un coma profond. J'ai fermé mes oreilles à toute perturbation auditive extérieure, et aujourd'hui que j'ai ma propre chambre, que je ne dors plus avec eux...

J'entends.

J'entends tout. Tout d'un coup.

C'est insupportable.

Tout ceci est d'une violence inouïe.

Moi qui prenais mes parents pour des êtres de silence, les voici qui font encore plus de bruit que les entendants.

Ils ne parlent pas, ils n'entendent pas et en plus, ils me cassent les oreilles.

Pendant douze ans, alors que nous vivions les uns sur les autres, alors que nous n'avions absolument aucune intimité, je n'ai rien vu, rien entendu. Comment est-ce possible ? Faisaient-ils l'amour la nuit à côté de moi ? Ronflaient-ils ? Je ne sais pas. Bouchée à l'émeri.

Une nouvelle vie commence pour moi. Je dois apprendre à vivre au milieu de ce raffut. Je déteste le son de leur intimité urinaire, sexuelle, anale. Je préférais mon paradis perdu, sans chiottes et sans salle de bains.

Alors, je vais devoir tout supporter.

On n'imagine pas à quel point les sourds sont bruyants.

Ça commence dès le matin. Mon père qui se lève et qui traîne les pieds sur le lino. Il a eu la bonne idée d'acheter des babouches en cuir qui claquent à chaque pas contre son talon et qui crissent sur le sol plastifié. Il se rend aux toilettes et ouvre la porte qui s'en va frapper le mur. Comme il ne sait pas que pipi dans eau du haut de son mètre quatre-vingts égale bruit torrentiel, il vide allègrement sa vessie et halète de contentement à chaque giclée. Il oublie de tirer la chasse. Une chance ! Enfin un peu de silence.

Voici que ma mère se lève à son tour. Direction la cuisine et préparation du petit déjeuner. Là, une étrange cacophonie débute : le placard des bols se referme. Je sursaute. Puis c'est au tour du placard du café, puis du tiroir des couverts, puis de la porte du frigo, puis du four. Et la porte du four fait du bruit, je peux vous l'assurer. Quel bordel : ça pète, ça claque, ça s'entrechoque, ça grince… Pour finir, ça me réveille. Et comme je suis une adolescente épouvantable, ingrate et colérique, je déboule telle une furie dans la cuisine et me mets à hurler et à gesticuler, hystérique, en direction de mes parents abasourdis qui me regardent avec un étonnement immense. Et tous les matins j'ai beau débouler et leur expliquer que moi, je ne suis pas sourde, que moi, j'entends, que j'en ai marre, marre de leur bordel auroral, que je voudrais dormir, ils continuent à me regarder avec une stupéfaction mêlée de pitié pour la pauvre entendante que je suis.

Et les portes continuent de claquer.

Même histoire au déjeuner. Mon père mâche sa viande et tient à ce que tout le monde en profite. Il mastique consciencieusement chaque morceau de rôti. Claquement de sa langue contre le palais, bouche ouverte évidemment, trituration intense de l'aliment, soupir de contentement, autre bouchée, autre claquement de la langue contre le palais. C'est sans fin et un excellent coupe-faim. Et quand il essaie de faire attention, de ne pas faire de bruit, c'est pire. Il se retient et là sort un son du plus profond de sa gorge, d'un autre monde. J'ai envie de vomir.

Mais c'est la soupe qui a raison de moi, c'est la soupe qui m'a contrainte aux boules Quies dans les oreilles pendant les repas. La petite boule de cire coincée bien au fond du conduit auditif, à m'en faire exploser les tympans. La soupe, le souffle de mon père pour la refroidir puis la succion de la cuillère, l'aspiration du liquide, le roulement de langue dans la bouche, la déglutition et pour finir le fameux soupir de bonheur. Tous ces bruits d'humidité me rendent folle. Naturellement, il est inutile que je cherche à lui expliquer le vacarme qu'il fait avec sa seule bouche et le supplice que j'endure deux fois par jour aux heures des repas, il ne le comprend pas. Tout bêtement. Ça ne veut rien dire pour lui. L'étonnement qu'il affiche est gravé dans ma mémoire pour toujours. Il pense que ça vient de l'adolescence et que je ne supporte rien de lui.

« Moi, bruit ? Pas possible.

— Ferme la bouche, au moins, papa... S'il te plaît !!! »

Alors, il la ferme. Répit de trente secondes, et il recommence. Il n'y peut rien, il ne s'en rend pas compte. Aujourd'hui, trente ans après, j'ai fini par m'habituer, mais ce sont mes enfants qui s'y collent. Lorsque, parfois, le dimanche, nous allons déjeuner avec lui, les voici qui s'énervent : « Maman, papy il fait trop de bruit ! »

Alexis a du mal, lui aussi, avec le bruit. Surtout quand sa mère a la bonne idée de passer l'aspirateur le samedi à 8 heures du matin... Mais il a vite trouvé la parade. Impassible, il se lève, débranche l'aspirateur, prend deux minutes pour regarder sa mère s'acharner sur la moquette en vain. Sourire aux lèvres, il va se recoucher. La maison est dégueulasse mais Alexis peut faire sa grasse matinée.

On dit «muets», sourds et muets. Idée reçue. Les sourds parlent. Ils ont une voix. Ils ne la contrôlent pas, ils ne la placent pas mais elle existe. Elle est atroce. La voix est gutturale ou criarde, très aiguë ou très grave ou les deux à la fois, selon le timbre. Cette voix-là est cassée, déchiquetée, mutilée, elle part dans tous les sens, basse comme un souffle en début de phrase pour finir hurlante et vice et versa. Une voix ridicule qui vous fout une honte suprême quand vous la subissez.

Ma mère au supermarché. Au rayon boucherie, concentrée sur les côtes de porc prévues pour le dîner, elle ne s'est pas aperçue que j'ai filé au rayon poisson pané. La voilà qui me cherche. Elle se campe bien droite dans ses bottes au beau milieu de l'allée centrale et, les mains sur les hanches, avec toute la puissance de sa pauvre voix blessée, hurle mon prénom. Ce qui donne quelque chose du genre : « VÉTOONIIIIITE… !!!! »

La foule alentour s'écarte, terrifiée, et se fige. Arrêt sur image. Ma mère, tel Moïse, vient de fendre les flots rien qu'avec sa voix. Ma mère en une seconde vient de faire le vide dans l'allée. Pour moi, c'est impossible à assumer. Je me retourne, mortifiée. Pas d'autre possibilité que de m'enfuir, non pas au bout du monde mais presque, au bout du magasin.

Les sourds ne sont décidément pas muets et parfois, c'est bien dommage.

Le Quizz de Noël est un classique de notre famille.

Depuis toujours, chaque année, Alexis, Ève, Valérie et moi nous livrons à ce jeu cruel : deviner les mots massacrés par nos parents.

Alexis, prenant la voix de sa mère, lance un mot à la cantonade : « SCRUCHON ! »

Celui-là, il va pas être facile à trouver.

Ève gagne à tous les coups : *Scruchon,* c'est sandwich, bien évidemment.

— *Attaton ?*
— Attention !
— *Soukoussouk ?*
— Couscous !
— *Moi, paf ?*
— Je vais te mettre une baffe !
— *Petef ?*

— Ça m'énerve !

— *Coucoula ?*

— Coca-Cola !

— *Popossip ?*

— Pas possible !

Il y a des faux-amis, aussi :

— *Fiction ?*

Ève encore : *Fiction*, c'est vicieux, bien évidemment !

La cuvée 2013 nous a offert un cru exceptionnel :

Ifonfrate et *autoproute*.

IPhone 4 et autoroute.

Magnifique !

Mon oncle Guy fait du bruit. Tout le temps. Il ronronne, grogne. Comme un râle qui monte de ses bronches et s'en va se coincer entre les amygdales. Le volume sonore n'est pas très élevé, mais il est permanent. Dès qu'il met un pied devant l'autre, dès qu'il se lève, qu'il s'assied, dès qu'il… il gémit.

Guy a dix-sept ans, il prend des cours avec un disciple du mime Marceau. Il adore ça. L'art du mime sublime son sens de l'observation et de l'imitation. En fin d'année, un spectacle est donné. Mon grand-père, fier comme Artaban, s'y précipite pour soutenir et applaudir son fils.

Le rideau s'ouvre. Le mime, tout habillé de blanc, s'avance sous le feu des projecteurs. Silence total. Beauté du geste. Il pose ses mains contre un mur imaginaire et essaie de le contourner, en vain. Mon oncle fait son entrée. Il s'approche à pas de loup, cueille une fleur, l'offre à son partenaire. Il est magnifique. Il est poétique. Il est parfait. À un détail près. Il ne s'entend pas. Mais le public, si. Hélas.

Mon grand-père, la tête dans ses mains, se tasse sur son siège. Il voudrait être loin. Son fils, sur scène, qui fait son numéro, parfaitement concentré… en grognant. La sourde plainte emplit le théâtre. Le public oscille entre gêne et fou rire. Et Guy, heureux, continue de mimer, gémissant de bonheur.

Quant à ma tante, sa femme, dès qu'elle a la bouche fermée, c'est-à-dire la plupart du temps, elle «tic-tac» avec sa langue qui claque contre son palais. Elle fait plus de bruit que l'horloge de la gare du Nord.

Allez expliquer à des sourds le tapage qu'ils font !

Les émotions des sourds s'entendent.

Ma tante fait donc «tic-tac» dès qu'elle est émue, et elle l'est souvent.

Mon oncle grogne de contentement quand il voit une belle fille dans la rue.

Mon père, lui, fait un drôle de bruit. Indescriptible. Ce qui lui a valu le surnom de Chewbacca de la part d'Alexis.

L'avantage, c'est que, quand nos parents ressentent, on le sait.

« Papa, arrête de regarder les fesses de cette fille.

— Faux. Moi, rien vu. »

Menteur.

«Niveau sexe, demande à ta mère. Pour ça, c'est la chef des sourds», me répète souvent Ève.

Elle n'a pas tort, ma cousine.

C'est tout de même elle qui m'a acheté l'*Encyclopédie de la vie sexuelle* en quatre volumes. J'avais sept ans. Elle estimait urgent de me l'offrir. Solennelle, elle m'avait expliqué qu'il était nécessaire que j'aie quelques bases. Elle n'avait pas eu cette chance-là quand elle était jeune. Elle ne savait rien. À l'époque, il fallait tester pour comprendre ce qu'était la sexualité, et elle avait dû tester très tôt. Elle préférait que ce soient les livres qui m'enseignent quelques rudiments et pas un garçon de ma classe.

Je lui pose donc la question suivante : pense-t-elle que la libido des sourds soit plus développée que celle des entendants ? Ou bien est-ce dans notre famille que c'est « spécial » ?

Elle ne comprend pas.

« Tu veux dire si sourds vicieux comme perverses ? »

Non, maman.

Comment lui expliquer ce mot ?

Dictionnaire des synonymes. « Libido : sexualité ».

Bon, ça ne va pas être facile.

Je traduis donc à ma mère : « Sexualité plus ou moins envie. Envie de sexe plus ou moins fort. Personne plus libido, et autre personne moins libido. »

Son visage s'illumine. Elle comprend.

« Oh là là, chez sourds, envie sexe très fort. Oui ! »

C'est bien ce qu'il me semblait.

Les sourds sont très à l'aise avec leur corps. Leur corps, c'est leur langue, et il exprime toutes leurs envies. Très clairement.

Ils ont un rapport au sexe instinctif, animal, et surtout, naturel.

Parler de sexe ne les dérange pas.

Dans cette affaire, il n'y a rien d'intellectuel, les gestes qu'ils emploient, les mimiques qu'ils font et les mouvements de corps qui les accompagnent sont extrêmement imagés. Instinctuel et viscéral pour eux, choquant pour nous.

La langue des signes est la langue la plus crue que je connaisse. Les sourds s'expriment de façon simple, directe. Brutale.

Beaucoup de signes sont beaux, poétiques, émouvants – comme les mots « amour », « symbole », « danse » –, mais dans le champ lexical de la sexualité, c'est une autre histoire. Le signe ne laisse place à aucune équivoque. Alors que les mots suggèrent, les gestes imposent.

Leur crudité heurte les entendants parce que ces gestes anodins pour les sourds sont les mêmes que nous faisons, nous, lorsque nous voulons être grossiers et nous cachons pour les faire. Question de culture.

Ma mère adore me faire des confidences sur sa sexualité. D'une précision gynécologique, quasi chirurgicale. Et insupportables à entendre pour moi, sa fille.

Elle me raconte ses rêves érotiques. Ou bien que son sexe se contracte à en avoir mal, tellement elle a envie de faire l'amour… C'est tout ma mère, ça.

Gestes sans ambiguïté, mimiques salaces et bruits de bouche dégoulinants, je reste sans voix, pétrifiée par la stupéfaction et la gêne.

Lorsque je lui demande de ne pas entrer dans les détails : « S'il te plaît, maman, moi ta fille quand même… », elle me répond : « Oh là là, pas grave. Sexe comme vie ! »

Et elle rit.

Tout compte fait, c'est elle qui a raison. Le sexe, c'est la vie.

Lorsqu'elle parle de sexe, ma mère emploie toujours des mots que les entendants jugeraient obscènes.

« Moi, vicieuse. »

« Moi, cochonne. »

Alors qu'elle veut tout simplement dire qu'elle aime faire l'amour.

C'est la même qui m'emmène à quinze ans chez le gynécologue et m'impose la pilule. « On ne sait jamais », dit-elle.

À cet âge, le sexe n'est pas du tout au centre de mes préoccupations mais ma mère ne veut rien savoir. Il est hors de question que je prenne le moindre risque. Elle sait que c'est un sujet que je n'aborderai pas avec elle et préfère prendre les devants. Elle n'a pas tort. Rares sont les ados qui parlent de sexualité avec leur mère et dans mon cas, il y a un argument supplémentaire : la langue des signes est tellement imagée qu'il y a des gestes que je n'oserais jamais faire devant elle.

Je lui obéis donc.

Trois ans de pilule pour rien.

« Toi veux bite ? »

Lors d'un congrès dans un hôtel de Poitiers, Ève a le malheur de jeter un coup d'œil furtif à la braguette d'un jeune sourd qui lui plaît. Grillée dans la seconde :
« Toi veux bite ? »
Mal à l'aise, Ève n'a pas le temps de répondre qu'il poursuit, tout sourire :
« Toi pas gêne. Bon, sexe. »
Simplement et directement, il la prend par la main et l'entraîne dans sa chambre.
Torride. Désinhibée comme jamais, ma cousine. Mangée de la tête aux pieds dans un corps à corps muet, charnel et primaire. Pas de mots, pas de dialogues, pas de signes. Du sexe pour le sexe. Pur et dur. Bestial et bon.

Cette nuit-là, Ève est devenue sourde.

Le lendemain, encore chamboulée, elle rejoint le jeune homme dans la salle de conférences de l'hôtel. À grand renfort de gestes et de mimiques, il est en train de raconter leur nuit à ses copains, dans les moindres détails. C'est naturel pour lui. Sa façon à lui de lui rendre hommage.

Ève a réitéré, avec d'autres. Ça a toujours été magnifique.

Je n'ai jamais fait l'amour avec un sourd.
Pourquoi? Je ne sais pas. Peur du bruit, peut-être.

Le silence. Imposé à ma naissance, apprivoisé par obligation, puis accepté par nécessité, il a fini par devenir indispensable à mon équilibre comme une vieille habitude, un vieil ami. Il est de ma famille. Il me réconforte, me rassure, m'apaise.

Quand à l'extérieur il y a trop de bruit ou des conversations à n'en plus finir, je l'invoque. Et il vient. C'est si facile pour moi de devenir sourde à tout. En quelques secondes, je retrouve ma bulle. Je n'entends plus rien. Le monde peut s'écrouler, je ne m'en rendrai pas compte. Et si l'on ose me déranger, je peux devenir agressive. Un truc qui me rend dingue, la musique dans les restaurants, ou, pire, les dîners chez les amis où on doit se farcir, en plus de la conversation des invités, la toute nouvelle playlist de son hôte, en continu, pendant le repas. Là, j'ai les fils qui se touchent. Avec le temps, j'ai appris à me contrôler. Je demande qu'on éteigne la musique, si c'est possible. Et je passe pour une chieuse. Mais ça, j'ai l'habitude. Au mieux, je m'en vais. Au pire, je deviens Rain Man, je n'écoute personne, je ne parle à personne, je suis la femme la plus antipathique de la terre et en plus, je m'en fous.

Il y a peu, je suis allée chez un hypnotiseur pour arrêter de fumer. Je m'allonge. Il me parle, me parle, me parle pour me plonger dans un état de somnolence. C'est le principe de l'hypnose. Je me laisse aller et m'entends lui dire : «Je ne vous dis pas : "Ta gueule !" parce que je suis polie, mais vous ne voulez pas vous taire ? Cinq minutes… S'il vous plaît…»
Silence.

Ma mère revient d'une conférence sur «l'amour chez les jeunes». Elle surgit chez moi, tout agitée. Elle a des choses importantes à me dire.

«Véronique, attention. Très, très grave. Faire l'amour pas avec hommes volages. Obligé préservatifs! Moi allée conférence sur sida. Grave maladie à cause sexe. Important toi, très attention.»

Je n'arrive pas à y croire. C'est une information que nous, les entendants, avons depuis au moins deux ans et ma mère vient de l'apprendre.

J'ai envie de pleurer.

Mon père est fou ! Il m'a offert un piano.
Le truc qui ne veut rien dire pour lui. Le
cadeau altruiste par excellence... La preuve
de son amour.

Quand je fais mes gammes, ma mère vient
toujours près de moi et pose sa main sur le
piano pour en sentir les vibrations. Tout le
monde sait combien les gammes jouées inlas-
sablement par un enfant qui apprend sont
insupportables. Mais elle, elle aime, elle laisse
sa main, là, pendant de longues minutes. Elle
me dit : « Moi, une chose peine être sourde,
moi musique pas connaître de savoir quoi.
Regret. » La musique est la seule chose qu'elle
regrette de ne pas entendre. La voix des gens,
le bruit du vent dans les feuilles, la pluie sur
les carreaux et tous les sons en général, ça

n'existe pas. Elle ne connaît pas. Cela ne lui manque pas. Elle s'en fout.

Entre la couleur et la musique, je choisis la couleur. Mes parents aussi. Être aveugle serait invivable.

C'est ce qu'ils me disent et je veux bien les croire.

La lumière s'allume et clignote violemment.

Mes parents ont fait installer, dans l'entrée de l'appartement, une ampoule reliée à tout ce qui est susceptible de sonner. Sauf que c'est la même ampoule qui s'allume pour la porte d'entrée, l'interphone et le téléphone. Affolement général et systématique. Mon père entrebâille la porte d'entrée tout en appuyant sur le bouton de l'interphone pour ouvrir celle du bas, tandis que ma mère se précipite sur le téléphone, décroche, se connecte au Minitel… Étrange ballet dans une lueur bleutée. L'entrée est devenue discothèque.

Moi, ça me fait marrer. Et je ne fais rien pour les aider.

14-18. C'est la guerre entre nous. Je les déteste. Ils comprennent rien. J'ai rien à leur dire. À part pour leur demander de l'argent. Aucune complicité. Je suis fille unique, je m'ennuie avec eux. Ils ne m'intéressent pas. Le dialogue, si particulier entre nous, est rompu.

J'aimerais tellement avoir des parents normaux. Je me dis que, dans une vie antérieure, j'ai dû être une sacrée connasse pour être punie à ce point. Et je m'en veux de leur en vouloir.

C'est tout de même insensé d'en vouloir à ses parents parce qu'ils sont handicapés. Je sais bien que ça n'est pas de leur faute. Mais voilà, je leur en veux. S'ils n'étaient pas sourds, nous aurions de grandes discussions sur le monde, la politique, l'éthique, Schopenhauer ou Nietzsche, Tolstoï ou Dostoïevski, Mozart ou Bach...

Je voudrais leur raconter mes petites peines. Je voudrais qu'ils me conseillent ou m'orientent. Je voudrais pouvoir téléphoner, comme ça, vite fait, à ma mère, pour lui raconter que ça y est, le job, je l'ai trouvé, qu'avec Bidule c'est fini, et que j'aimerais bien qu'elle me fasse un pâté aux pommes de terre pour me consoler.

J'envie les copines dont les parents sont normaux et qui ont la chance de communiquer avec eux par la parole.

Je veux des parents qui parlent, qui ME parlent, qui entendent, qui M'écoutent. Et j'ai l'impression qu'ailleurs c'est mieux. Évidemment, je me trompe. Aucune famille n'est normale. J'aurais pu naître au sein d'une famille qui m'aurait inculqué la haine des autres. Une famille d'alcooliques, une famille lourde de secrets, une famille où papa joue à touche-pipi avec sa petite fille, une famille pour laquelle seules les apparences comptent, une famille, quoi !

Ce n'est qu'une fois partie de chez eux que

j'ai pu me dire que mes parents avaient des circonstances atténuantes. Ils avaient une bonne raison de ne pas me parler. La meilleure, même.

Vivre avec des sourds, c'est lourd. Et encore, je dois m'estimer heureuse parce que mes parents ne sont pas trop pénibles et ne me sollicitent quasiment pas. Ils se débrouillent tout seuls. Contrairement à d'autres.

Mon oncle Guy, par exemple, est convaincu que son intelligence est supérieure à celle des entendants. Il n'est pas handicapé. Bien au contraire. Il est exceptionnel car sourd. Et ça n'est pas à lui de s'adapter à notre monde mais l'inverse. Il est chiant avec ça. «Sourds plus intelligents, sourds plus observateurs, sourds plus, plus, plus… » N'importe quoi. Il ne fait absolument aucun effort dans les magasins. L'autre doit comprendre ce qu'il demande. S'il n'est pas avec ses enfants pour interpréter, ça peut durer des heures. Ça n'est pas lui qui est incompréhensible, c'est l'autre qui est con. Aussi simple que ça.

Je lui pardonne tous ses excès parce que c'est un poète. Il est dans sa bulle tout le temps. Les tableaux qu'il peint sont si étranges, Dalí n'en reviendrait pas.

Un doux rêveur. Dangereux parfois. Alexis a trois ans. Il est à un mètre du bord de l'eau et de son père. Guy regarde le ciel et réfléchit. Alexis hurle et agite les bras mais Guy observe un nuage qu'il trouve très beau et ne voit rien. Il ne voit pas qu'Alexis est en train de se noyer.

L'heure de la vengeance a sonné. Guy emmène tous les jours Alexis à l'école. Dans l'autoradio, Dr. Dre à plein tube. Arrivé au collège, Guy coupe le moteur, la musique s'éteint. Alexis, espiègle, tourne le volume à fond avant de descendre de la voiture. Guy repart… La musique se rallume. Quelques mètres plus loin, la police l'arrête pour tapage sur la voie publique et lui ordonne de baisser le son. Guy ne comprend pas. Il se met en colère et, se tapotant les oreilles, gesticule : « Moi, sourd, moi sourd, musique pas ! » Les flics n'insistent pas. Ils n'insistent jamais dans ces cas-là.

Quand le soir venu son père lui raconte l'aventure, Alexis jubile.

Patrick, un ami de mon oncle, prend le RER pour rentrer chez lui à Massy-Palaiseau. Il est avec sa fille de cinq ans.

Après avoir consciencieusement vérifié sur le tableau lumineux que le train s'arrête bien à sa station, il monte dedans. Un haut-parleur annonce que suite à un problème de voirie, le train ne s'arrêtera pas en gare de Massy.

Patrick, bien entendu, n'entend pas.

Et voyant que le train ne ralentit pas à proximité de chez lui, il tire carrément sur le signal d'alarme. Le train s'arrête. Branle-bas de combat. Les voyageurs en colère s'excitent. Patrick, très calmement, pointe le quai du doigt : « Moi sourd, moi descendre là. »

Sa petite fille est morte de honte. Elle n'a

pas entendu l'annonce, elle n'a pas su traduire?

Le conducteur arrive. Que s'est-il passé
dans ce wagon? Quel est le problème?

Patrick, impassible, s'entête: «Moi sourd,
moi descendre là.»

Le conducteur abdique. Et Patrick, imperturbable, descend là.

J'aime pas regarder la télé avec mes parents. Ils me demandent de traduire le journal télévisé. Je m'exécute. Arrive le moment où j'en ai marre. Je leur fais croire que je ne comprends pas ce que dit le présentateur.

Quand c'est un film, c'est insupportable. Toutes les cinq minutes, j'ai droit à : « Lui dit quoi ? », « Et elle, elle dit quoi ? »

Je n'ai aucune patience avec eux. Aucune compassion. Très vite, ça me saoule. Prétextant un devoir à faire, je m'éclipse dans ma chambre. Démerdez-vous !

Alexis a une autre méthode. Ce qui l'amuse, c'est de raconter n'importe quoi à ses parents, qui l'écoutent religieusement :

« Une bombe nucléaire a explosé en Bretagne. »

« Nouvelle loi : à compter de ce jour, les sourds devront porter un appareil pour entendre comme tout le monde. » Guy se lève d'un bond, prend sa voiture et s'en va faire la révolution.

« On a retrouvé un vieux document écrit de la main de Napoléon, il lègue la Corse aux sourds. » Guy décide illico que les prochaines vacances, ils les passeront en Corse.

Je ne prête plus ma voiture à ma mère. À force de ne pas s'entendre passer les vitesses, elle me casse tous mes embrayages.

Dans la famille, c'est elle qui conduit. Ce qui n'empêche pas mon père, qui n'a jamais passé le permis, de s'acharner à lui expliquer comment elle doit faire.

Retour en arrière. Elle n'a pas démarré assez vite au feu rouge. Il lui donne une tape sur le bras d'un air courroucé. Du coup, elle cale. Le voilà qui s'énerve, il lève les mains au ciel, tape sur ses genoux, souffle. «Popossip, popossip.» À bout de nerfs, ma mère lâche le volant, se tourne vers lui et, avec ses deux mains, dans un mouvement saccadé et rapide qui part du haut vers le bas, comme si elle dressait un mur entre eux, le somme d'arrêter et en profite pour lui dire que si ça ne lui va pas, il n'a qu'à le passer, le permis.

La seule qui regarde la route pendant qu'ils s'étripent, c'est moi. J'ai six ans.

«Arrête! Tu veux qu'on ait un accident?»

C'est moi qui conduis et ma mère, assise à côté, me parle. Nous sommes sur l'autoroute. Elle me tape sur l'épaule. Quelque chose à me dire. J'ai le choix entre fixer la route ou la regarder. Je choisis la route. Elle agite donc ses mains entre mes yeux et le pare-brise. Excédée, je les repousse violemment et, lâchant mon volant, j'en attrape un autre, imaginaire, et, poings serrés, oscillant de haut en bas, je lui explique que je conduis. Au cas où.

«Pardon, moi comprends.»

Trente secondes après, elle recommence.

Alors, plus vaincue que convaincue, je me mets à parler d'une main et à conduire de l'autre. J'ai ainsi pris l'habitude de conduire d'un œil et d'«écouter» ma mère de l'autre.

Pour le téléphone, c'est la même histoire. Mes parents et moi avons cette faculté de ne pas nous adresser la parole pendant des heures sans que nous en soyons gênés. Et pourtant, ma mère attend toujours que je sois au téléphone pour précisément ressentir le besoin irrépressible de me parler. Soudain, elle a de la conversation. C'est systématique.

Je décroche mon téléphone pour répondre et la voilà qui se met à me raconter ses vacances de l'été passé. Je la regarde, déconcertée.

« Euh, maman, tu vois moi téléphone, là.

— Oui, oui… »

Trente secondes de répit.

« Alors toi quoi faire demain ?

— Moi téléphone.

— Oui, oui, mais toi penses quoi…? »

Grand moment de solitude.

Tout ceci se passant en silence, la personne à l'autre bout de la ligne ne peut pas imaginer qu'une dispute éclate en simultané. Jusqu'au moment où, excédée, je me mets à hurler dans les deux langues :

« Arrête, ferme-la. Moi téléphone. Tu comprends pas ? Merde ! »

Non, ma mère ne comprend pas. Me dévisageant avec un regard d'une immense tristesse, elle me dit : « Toi toujours téléphone.

Moi te regarde. Toi parles avec amis. Toi, sourds, pas t'intéressent…»

Ma colère s'effondre. Je me sens coupable.

Mon interlocuteur me demande si tout va bien.

«Oui, tout va bien. C'est ma mère. Elle est sourde. Elle me parle pendant que je te parle. J'en peux plus. Attends, je change de pièce.»

Je suis la méchante.

Il y a peu, je demande à ma mère pourquoi elle fait ça. Pourquoi elle s'arrange toujours pour venir me parler quand je suis au téléphone.

Interdite, elle me rétorque:

«Toi peux pas faire deux même temps?»

« Salut, bande d'enculés ! »

C'est ainsi que je salue mes parents quand je rentre à la maison.

Je ne suis pas seule. Mes copains m'accompagnent. Ils ne me croient jamais quand je leur dis que mes parents sont sourds. Je vais leur prouver que je dis vrai.

« Salut, bande d'enculés ! »... Et ma mère vient m'embrasser tendrement.

Mon père, lui, est suspicieux envers moi. Je me demande bien pourquoi.

Je passe des heures au téléphone avec mes copines. Le sans-fil n'existant pas encore, je suis assise dans le salon, à cinquante centimètres de l'auteur de mes jours. Il m'observe du coin de l'œil. Toujours. Il pense que je parle de lui, que je me moque de lui. Il tente alors de lire sur mes lèvres et me signe : « Toi dis quoi ? Toi parles de moi ? »

C'est trop tentant. Pour lui donner raison, je balance à mes copines les pires horreurs et grossièretés sur lui. Ça m'amuse. Ça m'excite. J'ai le sentiment de transgresser l'autorité paternelle. Et comme il n'y a personne pour me limiter dans mes débordements verbaux à la maison, j'en profite car, en plus, ça fait ricaner mes copines. Elles adorent m'appeler. Je peux tout dire, traiter mon père de connard, et elles aimeraient bien pouvoir en faire autant avec le leur.

Quand je viens avec un petit copain à la maison, ma mère a le chic pour ruiner les présentations. Elle ne peut s'empêcher, dans son dos, de me faire part de ses impressions. Elle se lâche. Elle me pose des questions. Elle me dit ce qu'elle pense. Tout haut.

Je suis deux conversations à la fois. Celle de mon ami et, derrière lui, celle de ma mère : « Lui, beau », « Lui, moche », « Lui, gentil », « Lui, pas sérieux », « Lui, sexe, bien ? »…

C'est pas méchant. Elle veut juste instaurer une complicité entre elle et moi.

Jusqu'au jour où je la mets dehors.

Maintenant, elle ne le fait plus.

Qu'est-ce qu'on en profite, aussi.

Il est deux heures du matin et on saute sur les lits. Mon oncle a un sixième sens. Il sent quand, dans la pièce d'à côté, ça déconne. Alors, il se lève pour vérifier. Il s'approche à pas feutrés pour nous surprendre en flagrant délit de bêtises. Mais Guy, voilà, c'est Guy... Le fameux gémissement. Nous l'entendons arriver à plus de cent mètres et, lorsqu'il pénètre dans la piaule, nous avons eu le temps de nous glisser dans nos lits et de faire semblant de dormir.

Une nuit, la musique à fond, nous ne l'entendons pas arriver. Et il nous surprend. Ève et moi dansons au milieu de la chambre. Valérie, sa sœur, met du vernis à ongles au chat.

La vie normale, quoi. Colère de Guy. Punition. Pas de télé et pas de bonbons pendant deux jours. Pour les bonbons, mais surtout pour le jeu, nous aurons de l'imagination. Les friandises sont dans la cuisine. Pour y accéder, nous sommes obligées de passer par le salon et « Œil-de-lynx », mon oncle, veille au grain. Il faut s'organiser. Pendant que je fais sonner le téléphone, Valérie profite de la lumière qui clignote et du branle-bas de combat qui l'accompagne pour se faufiler dans la cuisine, faucher les paquets de bonbons, les lancer à Ève, qui court les planquer dans la chambre. Opération terminée. « Œil-de-lynx » est furieux. Il n'y avait personne, ni à la porte ni au Minitel. Angéliques, nous compatissons. Y en a marre de ces gamins mal élevés qui jouent avec les interphones.

On leur a tout fait. Ou presque. C'est tellement facile de les gruger que nous n'abusons pas. Il y a des limites. Celles que nous nous sommes fixées. J'irai même jusqu'à dire que les grosses bêtises (alcool, drogue, bref les conneries qui font si peur aux parents d'adolescents), nous les évitons.

Nos parents sont tellement convaincus que

nos mondes respectifs sont aux antipodes l'un de l'autre que, ne sachant pas comment s'y prendre, ils finissent par nous laisser faire ce qu'on veut. C'est la grande liberté. Ce que j'appelle nos «bénéfices secondaires».

Ève a ainsi pris l'habitude d'inviter ses potes la nuit dès que ses parents sont couchés. Les copains ont pour consigne de ne surtout pas sonner à cause de l'ampoule de l'entrée qui s'allume. Il faut toquer. Vite, vite, s'engouffrer dans la chambre. Rigoler, parler, s'embrasser, écouter de la musique jusqu'à une heure très avancée. Puis, sortir en douce avant que les parents ne se réveillent.

Trop occupée à s'amuser ce soir-là, Ève a oublié que Guy se lève toute les nuits pour aller pisser. Mauvais timing. Choc des générations. Guy, nu comme un ver, tombe nez à nez avec les copains de sa fille.

Colère de l'un, gêne et fou rire des autres, désarroi de ma cousine. Cela ne se reproduira plus : mon oncle, dès le lendemain, achète un chien, un joli petit caniche prénommé Mimi.

Mimi dort toutes les nuits sur le ventre de ma tante Lydie. Si Ève ou ses frère et sœur se lèvent, s'il y a trop de bruit dans la maison,

Mimi grogne et se lève aussi. Ce qui réveille ma tante.

Fin des conneries… Enfin, provisoirement.

Ève a de la ressource. Minuit. Elle vient de se planquer sur le balcon pour fumer. Voilà que Guy se lève aussi. C'est le premier samedi du mois et il y a un bon film sur Canal +. La porte-fenêtre est ouverte et il fait un peu froid. Il la ferme. Ève est coincée dehors. Elle a beau gesticuler et hurler derrière la baie vitrée, il ne la voit pas. Il s'installe tranquillement sur le canapé et regarde son film. Du coup, Ève aussi. Pendant une heure trente. Fin du film. Alors qu'il est sur le point d'aller se coucher, que voit-il ? Sa fille sautant et faisant de grands gestes sur le balcon. Le sol est jonché de mégots. Il est furieux. Mais elle l'a grillé pour son film, alors il dira rien pour la clope. Échange de bons procédés.

De drôles de malentendus peuvent se produire aussi, quelquefois.

Alexis, six ans, vient de faire un cauchemar. Encore tout endormi et persuadé d'être seul dans l'appartement, il va sur le balcon pour crier à l'aide à qui veut l'entendre. Il a peur, il n'y a personne chez lui. Douze pompiers, alertés par les voisins réveillés, déboulent *manu militari* dans la baraque, ouvrent toutes les portes et entrent dans la chambre parentale où mon oncle et ma tante, dans le plus simple appareil, ronflent à gorge déployée.

Nos parents sont-ils vraiment sourds ? Curieusement, c'est une question que nous nous posons régulièrement.

Une seule façon de le savoir. Les tester. Ma tante Lydie est un cobaye idéal pour nos expériences.

Valérie vient justement de recevoir un casque audio pour Noël. Lydie s'est endormie, lunettes sur le nez. À pas de loup, nous nous approchons, nous lui collons le casque sur les oreilles, délicatement, pour ne pas la réveiller. Allons jusqu'au bout, tant que nous y sommes, nous recouvrons ses lunettes de mousse à raser. Alexis branche le casque sur l'ampli. Heavy metal à fond. Et nous attendons. Aucune réaction. Incroyable !

L'expérience est concluante. Il est temps de réveiller ma tante.

Un petit tapotement sur l'épaule, Lydie sursaute. Elle ne voit plus rien. Tout est blanc.

Gagné !

Pendant quelques secondes, elle croit qu'en plus d'être sourde, elle est devenue aveugle.

Vive la technologie.

Dans les années quatre-vingt, le Minitel aura été une vraie révolution pour les sourds. Tout comme, aujourd'hui, le portable avec les SMS, la télévision avec les sous-titres, Internet, Skype et les réseaux sociaux.

Pour les sourds, il était temps. Ils s'entendent mieux avec ceux qui ne le sont pas.

Ils vont communiquer.

Et être un peu moins tributaires des autres. Plus autonomes.

C'est plus pratique, mais ça ne change rien aux problèmes de communication que j'ai avec mes parents.

Aussi habituée que je sois au langage de ma mère, je ne comprends pas toujours ses textos.

«Oui café pas pu venir cause occupe dernière minute surprise invite.» Phrase limpide.

«Je ne sais pas Françoise appelle plusieurs
mon skype déjà. Pour ça.» Pour ça quoi? Je
laisse tomber.

En même temps je suis d'une extrême into-
lérance lorsque les autres ne comprennent pas
ce qu'elle m'écrit.

Mon portable vient de vibrer.

«Tu viens au café sourds et je suis surprise sourde la nouvelle puis tu viens plus vite
bises.»

Mon amie Anne est avec moi. Je lui montre
le SMS, je ne sais pas pourquoi.

«Oh là là, je comprends rien…

— Va t'acheter un cerveau et tu compren-
dras.»

Anne est abasourdie. Je me permets de
l'agresser alors que je n'ai rien compris non
plus au texto de ma mère.

Quand je présente un ami à mes parents et
qu'il se tourne vers moi, paniqué, en disant:
«Véro, qu'est-ce qu'il dit ton père?», ça me
rend dingue.

«Il te dit simplement bonjour.

— Non, mais… c'est parce que je ne comprends rien.

— Il t'a serré la main et a dit : " BONJOUR " avec sa bouche, faut pas être sorti de Sciences-Po pour comprendre ! »

À l'inverse, une personne faisant l'effort minime de comprendre le « Bonjour » de ma mère sans s'affoler a le privilège de s'attirer mes grâces et de figurer dans le top 5 des personnes à qui je vouerai, désormais, une amitié indéfectible.

«Tu venir, moi malade. Si pas possible, appelle ma fille, Ève. 06 23...»

La première fois que le médecin a reçu ce fax, ça l'a laissé perplexe. Il a bien eu envie de le jeter à la poubelle mais, par conscience professionnelle, il a quand même fini par appeler le numéro indiqué.

«Bonjour, madame, je viens de recevoir un fax. Qui me somme de venir. C'est une méthode un peu cavalière. Pouvez-vous m'expliquer?»

Ève explique patiemment que sa mère est sourde et qu'elle utilise le fax pour communiquer. Elle doit être malade et lui demande un rendez-vous par écrit. À sa façon à elle.

C'est pourtant simple, non?

«Après la pluie, le beau temps.»

Ce qui donne, en langue des signes :

«Beau temps. Avant pleut fini, maintenant beau temps.»

Ce que ma mère comprend : il pleut et après il fait beau.

«Oui, maman, mais ça veut dire quoi?

— Je ne sais pas. Rien. Pleut et après beau. Temps change.»

Imparable !

«La bouche peut mentir, mais sa grimace alors dit cependant la vérité» (Nietzsche).

Ce qui donne, en langue des signes :

«Dire peut mentir mais grimace non, différent.»

Ce que ma mère comprend en lisant cette

phrase : la même chose que nous à condition
de la lire trois fois.

« La boulangerie était fermée. On a mangé
des biscottes. »

Elle ne voit pas le lien de cause à effet entre
les deux situations. Alors j'explique : la boulangerie était fermée. Donc il n'y avait pas de
pain. Et comme il n'y avait pas de pain, j'ai
mangé des biscottes à la place.

Réponse : « Oui, mais toi pas dit. Maintenant compris. »

Dans la langue de mes parents, il n'y a
pas d'articles, pas de conjugaisons, peu d'ad-
verbes, pas de proverbes, maximes, dictons.
Pas de jeux de mots. Pas d'implicite. Pas de
sous-entendus. Déjà qu'ils n'entendent pas,
comment voulez-vous qu'ils sous-entendent ?

Idée reçue. La plupart des sourds n'ont pas d'aptitude particulière à lire sur les lèvres. Mais, à ce jeu qu'ils sont obligés de pratiquer depuis toujours, ils sont meilleurs que nous.

Avec, souvent, de gros ratés.

Vacances en Tunisie. Je suis au restaurant avec mes parents. Un homme circule entre les tables et propose des randonnées à dos de chameau.

Il arrive à notre table et s'adresse à mon père :

« Chameau ? Chameau ? »

Mon père me regarde, étonné :

« Ici, musulmans. Pourquoi jambon ? »

Non, papa, pas « jambon » mais « chameau ».

«Jambon», «chapeau», «chameau», c'est les mêmes mouvements de lèvres.

«Escalope» et «interprète», pareil.

«Bougie» et «toupie», aussi.

Sacré bordel.

1977. Un mouvement associatif mené par deux Américains vient d'être créé. Comment se fait-il qu'en France, à l'aube des années quatre-vingt, les sourds n'aient accès à rien ? Il faut créer une école de langue des signes. Il faut monter une troupe de théâtre pour sourds. Il faut que cette langue soit reconnue. Mes parents s'engouffrent dans ce projet. Ils lâchent leurs jobs d'ouvrier et de mécano-graphe pour devenir «professeurs» de leur propre langue. Quand la gauche passe au pouvoir, le ministre de la Culture leur attri-bue pour un franc symbolique des bureaux dans une des tours du château de Vincennes.

Mon oncle Guy est de la partie, lui aussi. Il rentre d'un voyage aux États-Unis où il a visité une université destinée aux sourds, le

Gallaudet College. Là-bas, les sourds ont les mêmes possibilités que les autres. Ils peuvent apprendre la littérature, les langues, la psychologie, la communication, le journalisme, les arts visuels… En France, rien. Que dalle ! Les choses doivent changer. Il va s'en occuper.

Je n'en reviens pas. Les sourds font leur coming out.

Ils organisent des manifs, ils imposent un interprète dans un petit médaillon pour comprendre les infos à la télé. Les sous-titres se démocratisent. Dans le métro, on ne les regarde plus comme avant et même la boulangère fait un effort. Elle comprend enfin qu'on ne lui demande pas un steak mais du pain.

Moi, je suis toute leur aventure de très loin, un léger mépris aux commissures, mais tout de même mon père m'a bluffée et je sens bien que quelque chose est en train de se produire, là. Malgré toute mon arrogance, malgré toute mon agressivité, malgré toute ma violence, je suis heureuse pour mes parents. Très heureuse.

Je ne me doute pas encore qu'une mini-révolution est en marche. Je ne me doute pas encore qu'en changeant leur vie, ils changent la mienne.

Mon père prend son rôle très au sérieux.

Il faut rendre accessible aux sourds la culture, les études, mais surtout obtenir du gouvernement qu'il reconnaisse l'existence d'une langue, la leur, la langue des signes, et d'une culture à part entière, la culture sourde.

Et il y a du boulot. Une grande majorité de sourds est illettrée.

Un gigantesque chantier s'annonce car il s'agit également de faire évoluer la langue, tous les mots de notre dictionnaire ne trouvant pas forcément d'équivalence en langue des signes. Il faut inventer. Il faut créer des signes. Le premier signe inventé sera le mot « communication ». Le deuxième, « culture ». Un dictionnaire va voir le jour. On y trouve les mots de base, les mots nouveaux. L'IVT

(International Visual Theatre), nom de l'association, devient l'Académie française des sourds. Des réunions à n'en plus finir car, si les signes n'existent pas, c'est tout simplement parce que les sourds ne connaissent pas le mot équivalent. Ainsi de «psychologie», qu'est-ce que ça veut dire? Aidé par un linguiste et un interprète, mon père apprend de nouveaux mots. Quand il en a bien compris le sens, il propose un signe qui deviendra, ou non, après maintes réunions, le signe officiel et se retrouvera dessiné dans le futur *Dictionnaire de la langue des signes française.*

Les cours de langue des signes ne désemplissent pas. Parents venus chercher un peu de réconfort et voulant désespérément communiquer avec leurs enfants sourds. Comédiens trop raides, trop inhibés cherchant à être plus à l'aise avec leurs corps. Mon père est là pour leur apprendre. Il s'occupe du niveau débutant, à plein temps. Tous l'adorent. Tous me disent à quel point il est formidable, exceptionnel, humain, compréhensif, ouvert, curieux, gentil. Le meilleur prof qu'ils aient jamais rencontré. Je suis dubitative. Je veux bien les croire, mais tout de même! Suis-je passée à ce point à côté de ses qualités ? Suis-je passée à ce point à côté de mes parents ? Mon refus de leur handicap m'a-t-il rendue réfractaire et insensible au reste ?

L'effervescence est telle qu'on pourrait presque dire que les sourds sont à la mode. Quoi qu'il en soit, on les voit. Il était temps !

Mes parents m'exaspèrent, m'irritent, me navrent, mais je les suis partout. Je suis tous les soirs fourrée au château de Vincennes, *the place to be* et, petit à petit, leur monde et leur combat deviennent les miens. Je suis fière que mes parents soient acteurs de cette révolution.

Je commence à m'identifier à eux. Je les admire. Je les revendique. Je fais même du théâtre avec eux.

La nouvelle pièce créée par l'IVT sera pour les deux publics, sourd et entendant. Il faut donc une interprète. Ce sera moi. J'ai à peine vingt ans.

Cela ne devrait pas poser trop de problèmes puisqu'on me demande de jouer un rôle que je connais bien, pour le tenir tous les jours : traductrice des mots des sourds.

Sauf que… je n'y arrive pas. Ma voix ne sort pas. J'ai beau me raisonner, rien n'y fait. Je chuchote les mots. Je suis presque aphone. Le trac.

À quinze jours de la première, on me remplace par une demi-sourde dont la voix, estropiée, hachée et insupportable à entendre, convient bien mieux que la mienne.

On me donne un rôle sans paroles. Un rôle muet.

Tout le monde s'accorde à dire que je joue bien.

C'est la plus grande humiliation de ma vie.

Mon père vient de tourner dans un documentaire de Nicolas Philibert : *Le Pays des sourds*. Il en est un des principaux protagonistes. Sortie prévue au cinéma. Gros succès. Les gens qui me connaissent m'appellent. Le film est formidable. C'est vrai, il l'est. Mais tous sont heurtés par les propos de mon père lorsqu'il dit, à mon sujet, qu'il aurait préféré avoir un enfant sourd. Pourtant, je le comprends, mon père. Je le comprends d'autant plus que je ne fais que dire la même chose. Si j'avais été sourde, il aurait pu communiquer beaucoup plus facilement avec moi, il aurait pu m'épauler dans mon parcours scolaire, dans mes doutes professionnels. Il aurait pu transmettre. Il aurait pu projeter. Il aurait pu soutenir. Il aurait pu dire : «Je suis passé par là, je connais.» Il aurait pu partager. Avec moi, impossible. Il ne pouvait pas m'aider dans mes devoirs, il ne pouvait pas me conseiller dans mes relations avec les autres, il ne pouvait pas m'orienter. En sixième, scolairement, j'en savais déjà dix fois plus que lui. Je n'avais pas besoin de lui.

À l'adolescence, à quinze ans, quand j'ai voulu voyager seule en auto-stop, pour les vacances, il m'a laissée partir car il pensait que c'était «normal. Elle entendante. Entendants pas pareils. Monde comme ça. Nous, sourds, autre monde».

Inquiet mais résigné.

Il était démuni. C'est ce que je voyais dans ses yeux. La désolation. L'impuissance.

Alors, oui, je comprends qu'il aurait préféré avoir un enfant comme lui.

Sous un abord austère et froid, mon père est un homme très émotif. Il pleure toujours quand, dans un film, le chien meurt à la fin. Mais il a du mal à montrer sa sensibilité. Alors j'ai longtemps cru qu'il ne m'aimait pas. Et comme on se parlait peu, il a cru que je ne l'aimais pas non plus. Classique malentendu.

Mais il m'aime, mon père. Et je l'aime. Chaque fois qu'il me voit, il me parle de sa

mère – l'amour de sa vie – et me dit à quel
point je lui ressemble, à quel point j'ai les
mêmes cheveux qu'elle. En passant par la
Lorraine, il me dit : « Je t'aime. » Grâce à sa
mère, je le sais.

La langue des signes est la plus expressive que je connaisse.

Lorsqu'un sourd parle, tout son corps est en mouvement. Tout son visage s'exprime. Impossible de parler en langue des signes sans bouger un muscle de son minois. Qu'on l'ait joli ou pas. Récemment liftée, passez votre chemin. L'émotion, la force d'un sentiment passent par la seule expression du visage. Si vous voulez transmettre un sentiment de tristesse, la bouche doit s'affaisser, les yeux se rétrécir. À l'inverse, pour un sentiment de joie, le visage doit s'éclairer, la bouche sourire, les yeux pétiller. J'ai constaté que c'était la grande difficulté des entendants. Faire la grimace, déformer leurs traits, bouger leur corps. Si vous parlez d'une personne que vous trouvez très, mais alors très, très laide, le signe «laid» sera le même et il ne s'agit pas de faire le signe «très» dix fois de suite pour expliquer l'ampleur des dégâts. C'est la grimace, donc la monstruosité que votre visage mimera, qui fera toute la différence et exprimera le degré de laideur de cette personne. Ainsi, vous qui vous exprimez, devenez la laideur à cet instant-là, hideuse. Et la plupart des gens n'aiment pas déformer leurs traits.

Pour la beauté, pareil. Le visage doit avoir une belle expression. Bien sûr, si vous ressemblez à Quasimodo, vous n'en deviendrez pas pour autant Marlon Brando, mais tous les visages peuvent irradier.

Il n'y a pas de conjugaison en langue des signes. Il n'y a pas de temps en langue des signes. Il y a un avant, un après, un pendant, mais pas de passé composé, de futur, de présent.

«J'ai grossi. Il serait bien que j'aille faire du sport» se dit: «Moi, grosse, obligée sport.»

«Je partirai en vacances» se dit: «Prochaine moi partir vacances.»

La notion de temps est donnée par le corps. Au futur, il bascule imperceptiblement vers l'avant. Au passé, il part en arrière. Ce que les sourds appellent très joliment « la ligne du temps ».

C'est la spécialité de mon père. Le B.A.-BA de la communication non verbale. Avant de savoir les signes, bouge ton corps. Sois à l'aise avec lui, apprivoise-le. N'aie pas peur d'être ridicule. Fais la grimace. Louche s'il le faut. Exprime-toi sans ta voix mais dans la joie.

La langue des signes n'est pas l'espéranto.

La langue des signes n'est pas internationale mais…

D'un pays à l'autre, d'une langue à l'autre, beaucoup de signes de base sont communs.

Quand le signe diffère trop, le mime peut prendre le relais.

Les expressions du visage et du corps sont les mêmes dans le monde entier.

La «ligne du temps». Internationale, elle aussi.

Tous les personnages d'une histoire racontée par un sourd ont des places très précisément définies dans l'espace, comme dans une mise en scène théâtrale. Extrêmement visuel et universel.

Lâchez mon père ou mon oncle au Japon, même si le vocabulaire n'a rien à voir, je ne leur donne pas dix minutes pour se faire comprendre.

Moi-même, à l'étranger, je n'ai aucune retenue lorsqu'il s'agit d'imiter un chien urinant contre un trottoir afin que l'autochtone comprenne que je parle d'un chien et pas d'une vache.

Je viens de voir un court métrage indien très kitsch mettant en scène une jeune Indienne sourde. Elle parle en langue des signes. Et malgré les différences, j'ai presque tout compris.

De la même façon, ayant vécu en Italie, j'ai eu l'occasion de présenter des copains napolitains à mes parents. Extraordinaire. Mes amis, sans aucun complexe, se sont adressés à eux avec de grands gestes, très exubérants, qui n'avaient rien à voir avec la langue des signes. Mes parents ont tout compris ! On a beaucoup ri !

Plus techniquement, entre la langue des signes française et l'américaine, près de la moitié des gestes sont les mêmes. Et une grande partie de la langue des signes des autres pays du monde est issue de ces deux langues.

C'est une langue vivante, qui se renouvelle chaque jour. Par le biais des associations étrangères ou celui des Jeux olympiques des sourds (les Deaflympics), elle se diffuse dans tous les pays. Les similarités sont de plus en plus nombreuses.

Alors oui, un Australien peut parler avec un Africain qui peut lui-même parler avec un Danois qui aura parlé avec l'Australien. Ce sera du petit-nègre mais ils se comprendront très vite. Pas comme nous.

Depuis qu'il est à la retraite, mon oncle Guy s'est lancé dans le one man show ! Guy est le Bedos des mal-entendants et des mal-comprenants. Seul en scène, il raconte des histoires à sa façon, mêlant langue des signes et mime. Il fait un tabac. Dans le monde entier. Son fan-club est international. Les sourds rient beaucoup. Les entendants aussi, d'ailleurs.

J'ai vingt et un ans. Ça fait au moins deux ans que je suis partie de chez mes parents. Je les vois peu depuis notre aventure théâtrale mais ils m'accompagnent. Plus que je ne le crois. C'est grâce à ma culture de la langue des signes que je trouve mes premiers boulots. Avec ce que je me suis avalé, il était temps que ça rapporte.

Mon oncle, Ève et moi sommes embauchés par la Cité des sciences et de l'industrie.

Guy comme animateur scientifique pour les sourds, Ève et moi en tant qu'hôtesses d'accueil spécialisées en langue des signes.

Au fil des années, les questions changent un peu. Maintenant la plus fréquente est : « Tu parles la langue des signes ? », suivie de : « Comment on dit "Bonjour" en langue des signes ? »

Avec Ève, on s'amuse beaucoup :

« Tu plies ton bras droit comme si tu le portais en écharpe, paume de la main vers le haut. Tu fais la même chose avec le gauche, paume vers le bas. Les deux bras reposent donc l'un sur l'autre. Avec le majeur de ta main droite, tu grattes ton coude gauche et le majeur de ta main gauche gratte le creux de ton coude droit. "Bonjour" se dit comme ça. »

Ça nous fait beaucoup rire jusqu'au soir où mon oncle débarque au bureau d'accueil. Mi-énervé, mi-amusé, il nous demande d'arrêter de dire n'importe quoi. Depuis quelques jours, toutes les hôtesses du musée le saluent en faisant le signe « lesbienne ».

« Pas sérieux. Ici, scientifique quand même. »

Je vois très peu mes parents mais je ne peux pas me passer d'eux, en fait. Et j'ai trouvé une façon de maintenir le lien. Je vais traduire en langue des signes des chansons françaises. Voilà un exercice qui me plaît. Je n'ai pas à parler, personne ne peut me dire que je joue mal. En revanche, grâce aux gestes, grâce à mon visage et mon corps, je peux exprimer toute une palette de sentiments. Je fais un carton. Mes parents sont touchés et fiers de voir que leur épouvantable fille les reconnaît enfin. Les entendants adorent. C'est vrai que c'est beau et émouvant. Du coup, je fais ça aux fêtes, aux anniversaires, aux mariages. Même succès à chaque fois. Jusqu'au jour où une réalisatrice, élève de mon père, Malgosia Debowska, me voit et décide de faire un court métrage. Le film s'appelle *Maldonne*. Une chanson à «signer»: *Message personnel* de Françoise Hardy, un seul mot à dire: «Attends.» Parfait pour moi qui ai si peur d'utiliser ma voix. Je le murmure. Le chuchotement me va bien.

1993. *Les Enfants du silence*. Emmanuelle Laborit. Un Molière.

Une consécration.

Le monde des sourds en France a bien changé. Et il change encore.

Ça me fait tellement plaisir.

Ça ne va pas assez vite, il reste du boulot, mais tout de même, c'est mieux qu'avant.

Grâce à Emmanuelle Laborit.

Grâce à mon oncle Guy.

Grâce à la communauté sourde.

Peut-être un peu grâce à mes parents, aussi.

J'allume la télé. TF1. *Le Bigdil* avec Lagaf'. Je vais pour zapper quand j'aperçois dans le public… ma mère, assise à côté de ma tante ! Qu'est-ce qu'elles foutent là ? La honte ! Et ce n'est que le début… Lagaf' annonce en grande pompe l'arrivée d'un participant hors du commun – puisqu'il est sourd –, M. Guy B., accompagné de sa fille Ève, qui fera office d'interprète tout au long de l'émission.

Les bras m'en tombent. Roulement de tambours. Arrivée de Guy qui agite les mains au-dessus de sa tête, « Ainsi font, font, font les petites marionnettes » (c'est comme ça que les sourds applaudissent). Gros plan sur le public. Ma mère aussi fait « Ainsi font, font, font… » et sourit fièrement. Gros plan sur Guy. Il se présente. Ève, très à l'aise, traduit. Lagaf' s'esclaffe toutes les trente secondes. Moi, devant mon écran, consternée. Principe de l'émission : gagner des cadeaux en se prêtant à des épreuves. Guy hérite du jeu « le téléphone arabe ». Le principe : mimer un signe à une brochette de jeunes femmes, les « Gaffettes », qui sont censées, l'une après l'autre, sans avoir vu les mimes précédents, le reproduire. En bout de chaîne, Ève doit deviner le signe de son père, lequel signe, bien sûr, s'est perdu en route. Lorsque le dernier maillon de la brochette le reproduit devant Ève, il ne veut plus rien dire du tout. Méconnaissable. Pourtant, Ève le devine à chaque fois.

Elle est face au public, donc face à ma mère. Ma mère qui lui donne toutes les réponses en langue des signes.

Décidément, bien pratique, cette langue des signes. Elle est silencieuse, se voit de loin, et puis, surtout, elle a permis à ma famille de gagner une belle yaourtière.

Mon oncle Guy va passer une scintigraphie. Ma cousine Valérie, enceinte de sept mois, l'accompagne à l'hôpital. On lui injecte de l'iode radioactif dans le corps et on interdit à Valérie de s'approcher de son père sous peine de perdre le bébé. Qu'à cela ne tienne. Elle s'assied à un bout de la cafétéria, Guy à l'autre, et les voilà à discuter tous les deux. Tranquilles.

J'ai la langue bien pendue. C'est ce que tout le monde dit.

Et pourtant si vous saviez à quel point je me tais.

Dans la famille, la vraie muette, c'est moi.

Pour tout ce qui concerne l'affectif, les sentiments, muette comme une carpe. Mes enfants sont les seuls êtres au monde auxquels je puisse dire : « Je t'aime. »

« Faut dire qu'on l'a pas entendu », ne cesse de répéter Ève.

Pas entendu, donc indicible.

Autant parler de sexe ne me pose aucun problème, je ne vois rien de tabou ni d'impudique à ce sujet. Merci maman !

Autant parler de sentiments ou de ce que je ressens est autrement plus complexe.

Je peux me fermer comme une huître.

M'enfermer dans un monde qui n'appartient qu'à moi.

Un monde de silence.

Pour l'autre, c'est pénible.

Pour moi, c'est un cauchemar.

Depuis qu'il a un téléphone portable, mon père me l'écrit. Et c'est par texto que je lui réponds que, moi aussi, je l'aime. Mais quand je suis avec lui, il m'est impossible de le regarder dans les yeux et de le lui dire. Ma bouche reste fermée et mes mains dans les poches.

Je suis enceinte.

J'ai peur.

Pendant neuf mois, j'angoisse.

Si ma fille était sourde ?

Je fais quoi, moi ?

Et je dis quoi à Nicolas, son père ?

Je ne veux pas lui infliger ça.

Je consulte mon médecin qui me rassure :

« Votre père est *devenu* sourd, non ?

— Oui, docteur, mais… ma mère et son frère, eux, le sont de naissance.

— Il n'y a pas d'antécédents ?

— Non, il n'y en a pas. »

Jour J.

J'accouche.

Elle est là. Finalement, ça m'est égal si elle

est sourde. Elle est ma fille. Je l'aime. C'est mon enfant. Elle sera comme elle sera.

Je frappe des deux mains quand même. Juste pour vérifier. Elle sursaute.

Elle entend.

Pour mon fils, trois ans plus tard, je stresse beaucoup moins. Si sa sœur entend, il n'y a aucune raison que lui, non.

Une petite appréhension persiste, cependant.

On le pose sur mon ventre. Que je l'aime, mon petit garçon.

Je lui parle, il réagit. Je frappe des deux mains, il sursaute.

Il entend, lui aussi.

Fin de la malédiction.

Si c'était à refaire ?

Je les ai adorés.
Je les ai détestés.
Je les ai rejetés.
Je les ai admirés.
J'ai eu honte.
J'ai voulu les protéger.
Je me suis ennuyée.
J'ai culpabilisé.
Le fantasme du parent qui parle et dit a existé longtemps.
Plus aujourd'hui.

Aujourd'hui, je suis fière.
Je les revendique.
Surtout, je les aime.
Je veux qu'ils le sachent.

Un immense merci à Guy Bedos, Leslie Bedos, Ève, Alexis, Valérie, Guy et Josette Bouchauveau, Véronique de Bure, Manuel Carcassonne, Annick Chollat, Léa et Victor Contré, Muriel Couteau, Marie Eugène, Michèle Latraverse, Noémie Lenoir, Jacqueline Massola, Jean-Claude Poulain, Sophie Ratonnat et Jean-Marc Roberts.

Le Livre de Poche s'engage pour
l'environnement en réduisant
l'empreinte carbone de ses livres.
Celle de cet exemplaire est de :
300 g éq. CO₂
Rendez-vous sur
www.livredepoche-durable.fr

**PAPIER À BASE DE
FIBRES CERTIFIÉES**

Composition réalisée par MAURY-IMPRIMEUR

Imprimé en France par CPI
en juillet 2016
N° d'impression : 2024145
Dépôt légal 1ʳᵉ publication : octobre 2015
Édition 03 - juillet 2016
LIBRAIRIE GÉNÉRALE FRANÇAISE
21, rue du Montparnasse - 75298 Paris Cedex 06